UN MÉCÈNE AU XVIIIᵉ SIÈCLE,

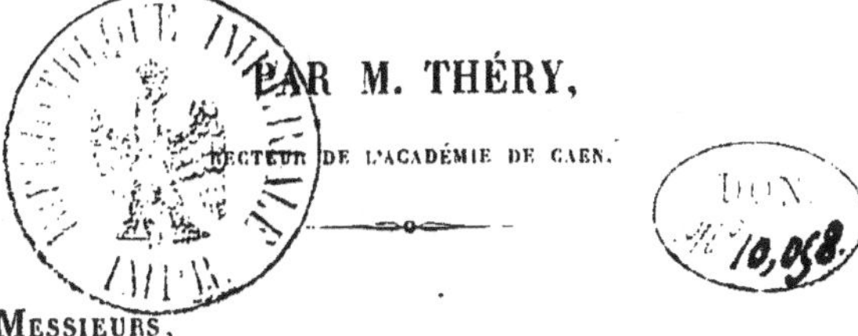

PAR M. THÉRY,

RECTEUR DE L'ACADÉMIE DE CAEN.

Messieurs,

Je sais qu'il ne faut pas céder trop facilement à une tentation commune de nos jours, celle de refaire les biographies. A force de mettre en relief les appréciations personnelles, on déconcerte l'opinion générale. Les solutions qu'on présente comme définitives, et que le talent peut rendre vraisemblables, éveillent la concurrence. D'une source nouvelle, de la même source quelquefois, découlent des affirmations contraires, et tel personnage historique dont le crime a été prouvé la veille sera déclaré innocent le lendemain.

Le sujet que je veux traiter n'a pas cette hauteur ; sa simplicité le préserve des témérités de la critique.

Il s'agit seulement de peser une réputation modeste, qui a eu son moment d'éclat, et qui mérite, selon moi, de ne pas disparaître à toujours de la mémoire des hommes, parce qu'elle est une occasion d'honorer des vertus de toutes les époques : l'attachement fidèle à une idée noble et la persévérance dans le dévouement.

Tel est, à mon sens, le caractère d'un homme qui jouissait, au commencement du xviiiᵉ siècle, d'une renommée suffisamment justifiée, et qui, prisé trop haut peut-être il y a cent ans, me paraît trop oublié aujourd'hui.

Des circonstances toutes personnelles, qui intéresseraient médiocrement le public, me mettent à même de tracer, avec des contours plus exacts, la biographie, souvent esquissée ailleurs [1],

---

[1] Voy. Fréron, *Année littéraire*, 1763 ; le *Mercure*, mai 1764 ; la *Correspondance*

de ce personnage, et un épisode de sa vie, qui le rattache hono-
rablement à la Normandie, pourra donner à cette simple lecture
un peu de la *couleur locale* dont la province aime à faire hommage
aux réunions savantes de Paris.

Nous connaissons tous le groupe en bronze qui orne depuis
longtemps une des salles de la Bibliothèque impériale, et qui est
l'ouvrage d'un élève de Girardon[1]. Nous savons qu'on l'appelle *le
Parnasse français*, et qu'il représente les poëtes et les musiciens de
notre pays depuis la Renaissance. Enfin, nous n'ignorons pas que
ce travail ingénieux a été exécuté par les ordres et aux frais d'un
particulier qui se nommait *Titon du Tillet*.

Qu'il me soit permis de faire revivre le souvenir de cet homme
de bien, et de réclamer pour lui la part d'estime qu'on doit main-
tenir à une volonté ferme, désintéressée, mise au service d'une
passion généreuse : l'amour de l'art et de la France.

Titon naquit à Paris, à la fin du XVIIe siècle, le 16 janvier 1677.
Son père, directeur général des manufactures et magasins royaux,
lui transmit en mourant un nom sans tache, mais une fortune modeste. D'abord destiné au barreau, puis, à quinze ans, capitaine de
dragons, réformé après la paix de Riswick, devenu maître d'hôtel
de la duchesse de Bourgogne, il porta, dans ces positions si diverses,
une pensée qui l'obsédait sans cesse ; il aspirait à encourager les
hommes de lettres et les artistes et à concentrer dans un foyer
commun les rayons de cette double gloire nationale. Un voyage en
Italie fit de son goût une passion. Il en revint pour exercer l'em-
ploi de commissaire provincial des guerres, et, malgré ses ins-
tincts tout poétiques, il laissa dans ces fonctions, prosaïquement
utiles, la réputation d'un homme pratique, remarquable par son
zèle comme par son désintéressement.

C'est en 1708 que son idée dominante prit une forme arrêtée.
Le grand siècle était fini. La brillante pléiade des poëtes, des artistes qui avaient illustré les règnes de Richelieu et de Louis XIV
avait disparu. Le vieux Boileau restait seul, comme une dernière

---

de Voltaire, passim, surtout en 1760 ; le *Précis des travaux de l'Académie de Rouen*,
t. III, p. 256 ; article *Titon du Tillet*, dans la *Biographie universelle*, t. XLVI, etc.

[1] Garnier.

colonne du majestueux édifice. Titon alla le trouver et le prit
pour confident.

« Il voulait, lui disait-il, consacrer, par un monument indes-
tructible, la gloire poétique de ce beau règne, ou plutôt les deux
gloires inséparables du roi et de la France. Le bronze seul était
digne de réaliser cette pensée. Son dessein était de représenter
le Parnasse, d'où semblerait s'envoler Pégase, et de placer au
sommet Louis XIV sous les traits d'Apollon. Trois dames illustres
du temps y joueraient le rôle des Grâces. Les neuf poëtes français les plus glorieux y figureraient les Muses. Les plus célèbres
après eux prendraient place sur des médaillons, et les noms des
autres, inscrits sur des rouleaux portés par des Génies, voleraient
vers le dieu, arbitre souverain de leur renommée. »

Je sais bien ce que la critique de nos jours aurait pu objecter
au jeune enthousiaste. « Prenez garde, lui aurait-elle dit peut-
être, aux vaines complaisances. Défiez-vous des solliciteurs. Si
vous laissez la médiocrité gravir votre Parnasse, les supériorités
seront écrasées par la foule. Et puis, à quoi bon ce choix pédan-
tesque du Parnasse ? Ne voyez-vous pas que les ailes de Pégase
sont aujourd'hui bien alourdies, et qu'il est temps, selon l'image
hardie d'un maître contemporain [1], *de le noyer dans l'Hippocrène ?* »

Boileau ne raisonnait pas ainsi. Le législateur respecté de la
poésie croyait encore aux ressources poétiques de la mythologie
païenne. Quant au nombre des poëtes et des musiciens qui tente-
raient d'escalader le Parnasse, il s'en inquiétait peu, assuré que
lui-même, avec son cher Racine, occuperait les hauteurs [2].

Il accueillit donc avec faveur le projet de Titon. Il loua l'ensemble ; il encouragea les détails ; et, dès lors, muni d'une telle
licence, l'inventeur n'hésita plus sur l'exécution.

Dix ans furent employés au travail. Titon fit du petit chef-
d'œuvre l'ornement et l'attrait de sa maison du faubourg Saint-
Antoine. Les hommes de lettres, les artistes, les amis des lettres
et des arts, étrangers et nationaux, vinrent en foule le visiter

---

[1] M. Villemain.

[2] Boileau mourut en 1711, sept ans avant l'achèvement du groupe, où ne de-
vaient figurer que les auteurs morts.

pendant plus de quarante ans. Ce fut une mode, presque une manie. Ceux qui espéraient obtenir une place sur les tables d'airain feignaient là curiosité pour acheter la gloire.

Nous avons parlé de *chef-d'œuvre*. Ne prenons pas à la lettre ce mot de l'enthousiasme contemporain. Le groupe dont il s'agit est d'un style un peu maniéré, et n'a pas autant de légèreté que d'élégance.

Disons-le aussi sans ménagement : Titon, enivré de l'idée, ne défendit pas avec assez de résolution l'accès de ce Parnasse dont il s'était fait le gardien.

Sur les statuettes, au nombre de neuf, cinq n'ont pas besoin de justification : elles représentent Corneille, Molière, Racine, La Fontaine et Boileau, c'est-à-dire les maîtres en poésie au XVIIe siècle. Admettons que Lulli figure légitimement la musique, mais étonnons-nous qu'il porte à la main, dans un simple médaillon, le portrait de Quinault, plus grand poëte, ce semble, que Lulli n'était grand musicien. C'est comme une flatterie adressée à la mémoire de Boileau, qui mettait les vers de Quinault, nous le savons, au-dessous des airs de Lulli.

Les trois autres Muses, que Titon nous présente sous les traits de Racan, de Segrais et de Chapelle, trois poëtes aimables, faits pour briller au second rang, prouvent l'incertitude du goût dans un simple amateur, ou trahissent une fois de plus le souvenir respectueux, mais exagéré, des jugements favorables que Boileau avait rendus.

Je ne parle ici que pour mémoire des trois Grâces, qui se nommaient, cette fois, Mmes de La Suze et Deshoulières, et Mlle de Scudéri ; la première, plus belle que poëte ; la seconde, qui était heureusement l'un et l'autre ; la dernière, douée, on le sait, des seuls agréments de l'esprit.

Quant aux dix-neuf médaillons portés par des Génies, ou même suspendus à des palmiers, ils offrent un singulier assemblage. On y rencontre Marot et Malherbe à côté de Santeul et de Commire, la poésie latine étant réputée française quand elle a été cultivée par des Français ; et quelques musiciens bien effacés de toutes les mémoires, Marais, Delalande, y représentent obscurément un art où Lulli seul, puisque Rameau et Campra vivaient encore, avait acquis une solide renommée.

Que dirai-je des noms inscrits, au nombre de cent soixante environ, sur les rouleaux de bronze, dont une partie reste libre, parce que l'inventeur réservait des places pour les célébrités du jour, lorsque la mort, en les faisant disparaître, les aurait mûries pour l'immortalité ?

Tout cela prêtait sans doute à la critique, et il ne faut pas s'étonner si Voltaire, avec son malicieux bon sens, remaniait spirituellement une vieille épigramme, qu'il lançait, sous le nom de Thieriot, contre le Parnasse de Titon, hanté par des renommées suspectes. On connaît ce huitain, où il immolait du même coup trois poëtes médiocres du temps :

> Dépêchez-vous, Monsieur Titon !
> Enrichissez votre Hélicon . . .
> Placez-y, sur un piédestal,
> Saint-Didier, Danchet et Nadal.
> Qu'on voie, armés du même archet,
> Saint-Didier, Nadal et Danchet,
> Et couverts du même laurier
> Danchet, Nadal et Saint-Didier [1].

Titon cependant ne se découragea pas. Il fit peindre et graver son Parnasse, et, en 1723, il en présenta le tableau et la gravure à Louis XV, qui les accueillit gracieusement.

Son ambition n'était pas satisfaite, même par le succès d'une première pensée. Cette pensée avait grandi dans son esprit. Il ne lui suffisait plus de réaliser, dans des proportions restreintes, l'idée de son monument. Ce qu'il aurait voulu, ce qu'il désirait sans pouvoir y suffire, c'était l'exécution en grand de son petit groupe de

---

[1] Danchet, académicien, professeur, auteur de tragédies très-faibles et d'opéras, entre lesquels on distingue celui d'*Hésione,* loué par La Harpe.

Nadal (l'abbé), académicien, poëte tragique, qui ne manquait pas de facilité, mais dont le style était diffus et sans couleur.

Limojon de Saint-Didier, lauréat de l'Académie française et de celle des Jeux floraux, auteur malheureux d'un poëme de Clovis, dont il n'a paru que les huit premiers chants.

bronze, de telle sorte que les étrangers visitant Paris fussent frappés d'admiration à la vue de tant de gloires françaises réunies. Un monument gigantesque, élevé, par exemple, au rond-point de l'Étoile, qui était alors le sommet d'un monticule (d'*une* monticule, selon le langage du temps), c'était là son rêve. Le Parnasse en grand devait avoir soixante pieds de haut ; le tour, comprenant les quatre faces, cent soixante pieds par la base. Il s'élèverait toujours en diminuant, en forme pyramidale. Les principales figures auraient de dix à douze pieds de haut ; les Génies, les médaillons, les arbres et tout le reste, prendraient des proportions correspondantes. On verrait le groupe d'une bonne partie de Paris et de plus de trois ou quatre lieues dans la campagne.

« Le penchant de la monticule dont on vient de parler, dit-il « lui-même, et la plaine agréable qui est au pied, et qui se trouve « plantée en partie de beaux arbres, pourraient facilement être « ornés et arrosés de plusieurs cascades et canaux, qui prendraient « naissance du Parnasse même, où la Nymphe de la Seine, qui y « tient lieu de la fontaine de Castalie ou du fleuve Permesse, porte « une urne d'où sortirait une vraie nappe d'eau, laquelle, après « avoir formé diverses cascades sur le bronze, et l'avoir entouré « d'un magnifique bassin, se répandrait ensuite dans la plaine, en « formant plusieurs jets et autres pièces d'eau. Ce lieu en devien- « drait plus charmant et plus délicieux [1]. »

Puis cet excellent homme, avec un abandon touchant et naïf, s'écrie : « Voilà des imaginations qu'il faut me passer, comme me « venant d'abondance de cœur ! »

Malheureusement, pour exécuter ce beau plan et pour faire honneur aux devis que Titon avait dressés, il lui aurait fallu tout simplement... plus d'un million.

Il était loin de pouvoir faire un tel sacrifice ; mais il avait, à la lettre, cette foi qui transporte les montagnes. En 1726, il va droit au contrôleur des finances, Pelletier Desforts, lui offre l'estampe de son Parnasse, et lui demande un titre de fermier général, s'engageant à ne pas toucher un denier de cette charge très-lucra-

---

[1] *Essai sur les honneurs,* etc. Paris, 1734, p. 448.

tive, dont tous les bénéfices seraient mis en réserve pour assurer l'exécution du grand monument.

Le contrôleur, peu accoutumé à des spéculations de ce genre, loua vivement le solliciteur, et... refusa.

Titon, doué d'une parfaite égalité d'âme, se résigna, et la seule conclusion qu'il tira de cette mésaventure, ce fut d'accomplir, au moins dans les proportions que permettrait sa fortune, « tout petit « particulier qu'il était, » dit-il lui-même [1], le vœu de sa vie entière.

Il fit donc frapper trente-quatre médailles, gravées par Audran, qui représentaient Louis XIV et les principaux poëtes et musiciens de son règne. Il offrit ces médailles à l'Académie des inscriptions et belles-lettres. En 1727, il donnait une *description* détaillée du Parnasse, et en répandait de nombreux exemplaires dans le public. En 1732, le volume in-12 se transforma en un volume in-folio, qui contient, outre la *description*, de nombreuses *biographies*. Ce n'était pas une œuvre de style, mais une œuvre d'érudition très-laborieuse, très-exacte, et qu'on peut consulter encore avec fruit [2].

C'est vers ce temps, en 1733, que Voltaire, emporté aussi dans le mouvement mythologique et allégorique de l'époque, publiait le *Temple du goût,* dont il fermait les portes à Segrais, malgré les louanges de Boileau, et en dépit du rôle assigné par Titon au poëte bucolique.

Un an plus tard, un *Essai sur les honneurs et les monuments accordés aux illustres savants de toutes les époques,* et, successivement, en 1743 et 1755, deux *suppléments à la description;* enfin une *description nouvelle,* plus méthodique et plus complète, qui parut

---

[1] *Essai sur les honneurs,* etc. Paris, 1734, p. 448.

[2] M. Le Provost de Launay, préfet du Calvados, allié à la famille de Titon, m'a communiqué gracieusement ce qui reste de ses papiers de famille, dispersés et détruits en grande partie par des maraudeurs ennemis, en 1815. Ils prouvent que Titon faisait de nombreuses lectures, la plume à la main. Balzac, Saint-Evremont, Montesquieu, Despréaux, Buffier et d'autres encore, lui ont suggéré des notes et des commentaires faits pour lui seul, mais qui marquent un esprit solide et curieux d'acquérir.

en 1760, prouvèrent que Titon vivait toujours de cette idée permanente, obstinée, qui était pour lui comme une fête perpétuelle du cœur.

Dans l'*Essai sur les honneurs*, il rêve encore une autre manière de rendre hommage à Louis XIV et à toutes les illustrations de son règne. Il propose très-sérieusement de fonder, dans les plaines de Grenelle et de Neuilly, des fêtes publiques qui, sous le nom de *Jeux lodoïciens*, seraient célébrées tous les quatre ans, avec une magnificence digne des Jeux olympiques.

« J'avouerai, dit-il ingénument, que j'aime les grands projets « et les grands ouvrages qui font honneur à la nation. » — « Je ne « puis m'empêcher, ajoute-t-il un peu plus loin, de donner tou- « jours dans de belles idées et de grands projets. Comme c'est « mon zèle pour la gloire des grands hommes et pour celle de la « nation qui les enfante et qui les nourrit, on ne doit pas m'en sa- « voir mauvais gré [1]. »

On ne lui sut pas mauvais gré sans doute, mais sa voix n'eut pas d'écho.

Je me hâte d'ajouter que cet homme candide, qui inventait toutes sortes d'apothéoses pour les illustres morts, se montrait aussi le plus bienfaisant des hommes, et que sa maison du faubourg Saint-Antoine était comme le patrimoine des jeunes écrivains déshérités de la fortune. Il en garda plusieurs chez lui, les contemporains l'attestent, pendant des années entières. Ses libéralités, si elles ne pouvaient être magnifiques, étaient journalières [2]. Il les cachait avec une modestie vraie, qui ne le préservait pas de la malice des commentaires. Il y eut, même dans son entourage, des esprits malveillants qui lui reprochèrent de quêter l'encens et de solder la flatterie. Rien n'était plus éloigné de sa nature [3]. Il

---

[1] *Essai sur les honneurs, etc.* p. 406 et 407.

[2] Plusieurs lettres de remercîments bien sentis se trouvent dans les débris de sa correspondance, et se rapportent à des époques très-diverses, dans une longue suite de temps.

[3] Ce n'est pas à dire qu'il fût insensible à la louange. Il conservait et classait dans ses papiers les compliments en prose ou en vers qui lui pleuvaient de toute part. Je ne citerai qu'une courte pièce de M. de Bainville, non pas pour le mé-

n'y avait de pompeux que ses idées ; ses actes étaient simples et
désintéressés.

« Son inclination bienfaisante, nous dit Fréron (et permettez-
« moi de vous faire remarquer ici le côté normand de cette bio-
« graphie), se manifesta surtout en faveur du neveu du grand
« Corneille. Touché des malheurs d'un homme dont le nom seul
« devait intéresser la France, il employa son crédit pour adoucir
« l'infortune où languissaient le père et la fille, derniers rejetons de
« cette tige illustre [1]. Comme son grand âge ne lui permettait pas
« d'agir par lui-même (nous reconnaîtrons tout à l'heure l'inexac-
« titude de ce détail), il recommanda l'un et l'autre à plusieurs
« gens de lettres de sa connaissance. Il me fit l'honneur de ne pas
« m'oublier. Je cherchai les moyens de l'obliger et de prouver
« à M. Titon que je n'étais pas indigne qu'il eût pensé à moi [2]. »

Fréron, sous cette impulsion généreuse, organisa une représen-

rite des vers, mais pour montrer que les contemporains qualifiaient Titon de *Mécène*, et qu'ils reconnaissaient la modicité de sa fortune.

SUR LE PARNASSE FRANÇAIS EXÉCUTÉ EN BRONZE, DÉDIÉ AU ROY
PAR MONSIEUR TITON DU TILLET.

Dans l'Elyzée, un François détailloit
    Ce monument que Du Tillet
Élève avec tant d'art aux Muses de la Seine.
    Horace, en regardant Mécène,
Luy dit : « Je vous retrouve en ce noble dessein. »
    « — Amy, tu me rendrois trop vain,
    « Répond le favory d'Auguste,
    « Si le parallèle étoit juste.
    « Je l'avoûrai de bonne foy ;
« Ainsi qu'en Du Tillet je reconnois en moy
« Pour les fils d'Apollon le goût, la bienveillance ;
« Mais avec peu de biens, il a fait pour son Roy,
    « Et pour son siècle, et pour la France,
« Bien plus que, pour César, et pour Rome, et pour toy,
« Je n'ai su faire, avec une richesse immense. »

[1] Une descendante directe du grand Corneille, dont on apprit plus tard l'exis-
tence, obtint une pension sur la Comédie Française, et Napoléon Ier plaça ses
deux fils aux lycées de Versailles et de Marseille.

[2] *L'Année littéraire*, 1763, t. I, p. 265.

tation d'un des chefs-d'œuvre de Corneille (c'était *Rodogune*) au bénéfice du neveu de ce grand poëte. Elle produisit 6,000 livres.

Titon, de son côté, ne restait pas inactif. Il avait alors quatre-vingt-quatre ans. Sa maison hospitalière, tenue par une de ses parentes, car il n'était pas marié, s'était ouverte au neveu de Pierre Corneille. Il aidait la jeune Marie, fille de cet homme honnête et pauvre, à recevoir, dans l'abbaye de Saint-Antoine, les éléments d'une modeste éducation [1]. Des pertes de fortune le troublèrent dans cette jouissance d'un noble cœur. Il lui vint la pensée de transférer à un plus riche sa mission de bienfaisance. Voltaire était dans tout l'éclat de sa réputation. Son théâtre surtout avait frappé d'admiration le bon vieillard, qui, dès lors sans doute, destinait au poëte illustre, dont il avait oublié l'épigramme, un des rangs les plus élevés sur son parnasse monumental. Voltaire était opulent et généreux. Tandis que Lebrun, le poëte lyrique, le sollicitait par une ode, Titon lui écrivit une lettre pressante, à laquelle l'auteur de *Zaïre* fit cette réponse aussi touchante que spirituelle : « C'est « en effet à un vieux soldat de servir la petite-fille de son général [2]. »

Fidèle à sa promesse, Voltaire confia à madame Denis, sa nièce, le soin d'achever l'éducation commencée, et il voulut formellement que cette éducation fût chrétienne [3]. Il imagina de commenter le théâtre de Corneille, au grand profit de sa petite-nièce, qu'il désignait plaisamment sous le nom de *mademoiselle Rodogune,* et celle-ci, au bout de trois années, dotée de 50,000 francs, fut mariée à un officier du pays de Gex.

Honorons le bienfaiteur dans le grand homme, mais souvenons-nous de celui qui a préparé et provoqué le bienfait.

« Ce sont, dit ailleurs Voltaire, M. Lebrun et M. Titon du Tillet, « si connu par son zèle patriotique, qui, seuls [4], ont pris soin dans

---

[1] Voltaire, t. LIX, édit. Beuchot, p. 177, a dit inexactement qu'elle savait à peine lire et écrire.

[2] *Id.* t. XLVIII, édit. Beuchot, p. 363.

[3] *Id.* t. LIX, p. 145.

[4] *Seuls* paraît être une allusion à Fréron, qui, par un retour de rancune, avait déprécié maladroitement le bienfait de Voltaire. L'irascible poëte ne voulait pas lui laisser même le mérite de sa première inspiration.

« Paris de l'héritière du grand nom de Corneille, et qui m'ont
« procuré l'honneur inestimable d'avoir chez moi la descendante
« du premier Français qui ait fait respecter notre patrie des étran-
« gers dans le premier des arts [1]. »

Voltaire ne cessait de remercier Titon de lui avoir, comme il
le disait, *procuré un trésor*. « Je souhaite à Monsieur Titon, écrivait-il
« en 1761, ce qu'on lui a sans doute tant souhaité, les années du
« mari de l'Aurore [2]. »

Ce fut là, en quelque sorte, le dernier acte par lequel Titon
signala son zèle pour les lettres et pour les poëtes de génie. Il mourut l'année suivante, en 1762. Le deuil des amis de l'humanité
et des arts fut universel. Membre de presque toutes les académies
de l'Europe [3], honoré d'un fauteuil quand il assistait aux séances
des académies parisiennes, dont il n'avait osé solliciter les suffrages,
Titon comptait partout de vives et respectueuses sympathies.

« Quel autre particulier, disait le directeur de l'Académie d'his-
« toire de Madrid, immortalisera jamais, à ses propres dépens, le
« mérite de ses plus habiles compatriotes? »

Le secrétaire de l'académie de Rouen, en lui adressant, le 17 fé-
vrier 1748, un diplôme d'associé, disait : « L'académie de Rouen
« partage avec les autres académies, et avec tout le monde savant,
« l'admiration et les éloges dus au célèbre monument du *Parnasse*
« *français* et à son illustre auteur. »

« Vous pouvez vous assurer, écrivait à Titon Jean-Baptiste Rous-
« seau, quoique vous n'y ayez peut-être pas songé, que vous avez
« travaillé pour votre gloire autant que pour la leur. »

Le critique que nous avons cité, et qui, malgré les invectives,
quelquefois injustes, quelquefois trop bien justifiées de Voltaire,
n'était assurément pas sans valeur, consignait, en 1763, dans son
Année littéraire, un vœu qui fut accompli.

---

[1] Voltaire, t. XL, p. 195. Voy. aussi t. LIX, p. 125 et ailleurs, sur l'éducation
de Mlle Corneille.

[2] *Id. ibid.* p. 245.

[3] Il en a compté lui-même, dans une note manuscrite que j'ai sous les yeux,
jusqu'à dix-neuf, de France, d'Espagne et d'Italie; les académies de Caen et de
Rouen sont de ce nombre.

«'M. Titon neveu, dit-il, conseiller de grand'chambre, est actuel-
« lement possesseur du *Parnasse français*, exécuté en bronze, trésor
« précieux que la France doit conserver, et qui mériterait d'être
« placé dans quelqu'une de nos grandes bibliothèques. »

Le groupe, légué au roi, et dont le conseiller de grand'chambre
n'était que dépositaire, fut bientôt placé, en effet, dans la première de nos bibliothèques, visitée par toute l'Europe savante. On
l'avait enrichi de quatre figures nouvelles, celles de Voltaire, de
Crébillon, de Jean-Baptiste Rousseau, et, comme il était juste,
celle de l'auteur même du monument [1].

Le portrait de Titon, chaudement peint par Largillière, et que
j'ai pu admirer dans le salon de la famille, à côté d'un tableau de
médiocre valeur qui représente le *Parnasse français*, offre des
traits nobles, bienveillants, et laisse entrevoir, dans plusieurs lignes
du visage, cette volonté persévérante qui s'attache à une idée et
en poursuit invariablement l'exécution.

Tel était, Messieurs, l'homme dont j'ai voulu prononcer le nom
devant vous. Le savant bibliothécaire de Besançon, qui a fourni
tant d'articles consciencieux à la *Biographie universelle*, Weiss,
ne craint pas d'appeler Titon du Tillet *un grand citoyen*. Je n'ose m'as-
socier tout à fait à ce magnifique éloge; mais il faut avouer que
l'exemple donné par cet homme de bien, par ce particulier dont la
fortune était médiocre, l'emporte sur ceux des puissants et des riches
du siècle qui ont encouragé les lettres et les arts. Sans parler des pen-
sions, des gratifications accordées par Louis XIV, des libéralités de
Fouquet et de Colbert, nous voyons bien quelques particuliers généreux gratifier les poëtes et les artistes, celui-ci d'un Apollon d'argent, celui-là d'une lyre d'or, quelques-uns d'une somme assez
ronde [2]; mais ils détachaient, eux, une parcelle de leur superflu, et
par intervalles. Titon, pendant soixante ans, employa son néces-

[1] *Biblioth. hist. de la France*, par le P. Lelong, t. IV, p. 174, n° 47277. Titon
est représenté soutenant de ses mains une lame de cuivre où est écrite la dédicace
adressée au roi par l'inventeur.

[2] Colletet reçut de M. de Harlay un Apollon d'argent; Mlle de la Vigne, de
M. de Gorgue, évêque de Langres, une lyre d'or. (Voy. *Essai sur les honneurs, etc.*
p. 446.)

saire à aider le mérite indigent, à exciter l'émulation des poëtes et des artistes, pour la plus grande gloire de la France. Il ne se contenta pas de rechercher le talent pour le mettre en lumière; il se passionna pour l'ensemble de nos grandes renommées, et nourrit la pensée de les faire resplendir dans un monument impérissable.

Ne soyons donc pas choqués outre mesure des fautes de goût qui ont déparé son œuvre, de quelques défaillances de son jugement. Souhaitons qu'il ait des imitateurs dans son rôle de Mécène désintéressé. Il peut nous arriver de sourire de l'enthousiasme naïf, des complaisances un peu molles de l'auteur du *Parnasse;* mais allons au fond des choses, scrutons la pensée intime, et, quand nous nous arrêterons devant ce bronze que garde la première salle des estampes, à la Bibliothèque impériale [1], saluons avec respect, avec sympathie, l'homme de cœur et le digne citoyen.

[1] Le *Parnasse* était placé, avant 1859, dans la grande salle du premier étage, dépendant du département des imprimés. Aujourd'hui, un tableau qui représente le monument, œuvre médiocre d'un peintre inconnu, mais qui, vu de loin, produit un assez heureux effet, est encadré dans le plafond, précisément au-dessus du groupe, dans la première salle des estampes.

IMPRIMERIE IMPÉRIALE. — 1865.